씬나게
시작하는
중국어
첫걸음

한글+중국어 MP3 파일 제공

方昌植 엮음

도서 출판 **YEGA**

이 책의 특징 알아보기

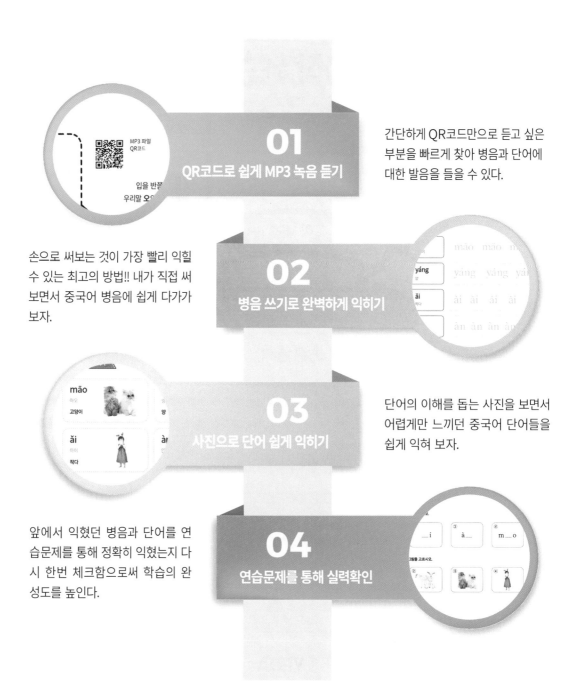

01 QR코드로 쉽게 MP3 녹음 듣기

간단하게 QR코드만으로 듣고 싶은 부분을 빠르게 찾아 병음과 단어에 대한 발음을 들을 수 있다.

손으로 써보는 것이 가장 빨리 익힐 수 있는 최고의 방법!! 내가 직접 써 보면서 중국어 병음에 쉽게 다가가 보자.

02 병음 쓰기로 완벽하게 익히기

03 사진으로 단어 쉽게 익히기

단어의 이해를 돕는 사진을 보면서 어렵게만 느끼던 중국어 단어들을 쉽게 익혀 보자.

앞에서 익혔던 병음과 단어를 연습문제를 통해 정확히 익혔는지 다시 한번 체크함으로써 학습의 완성도를 높인다.

04 연습문제를 통해 실력확인

이 책의 차례 알아보기

중국어의 특성
알아보기

1 중국어의 특성

1 우리가 공부하는 중국어는 한족의 언어, 즉 한어이다. 중국은 워낙 넓고 다양한 민족으로 구성되어 있어 지방마다 방언의 차이가 심해 의사소통에 어려움이 있다. 이에 중국은 북방 방언인 베이징어의 발음을 기준으로 표준어를 제창하였는데 이를 보통화라 한다.

2 중국에서 사용하는 한자는 우리가 쓰는 한자랑은 다르다. 누구나 쉽게 따라 쓸 수 있도록 간략하게 만든 간체자를 쓴다. 우리가 쓰는 한자는 정자인 번체자이다. 번체자는 현재, 대만과 홍콩에서만 사용하고 있나.

3 중국어는 표의문자로 글자만으로는 읽을 수가 없기 때문에 한어병음을 사용한다. 한어병음은 알파벳을 이용하여 발음기호를 표시한 것을 말한다. 우리가 이 책에서 배울 주요 내용이 한어병음이다.

4 중국어는 특이하게 소리의 높낮이를 뜻하는 성조를 사용하기 때문에 매우 시끄럽게 느껴진다. 성조는 기본 4가지로 제1성, 제2성 제3성, 제4성이 있는데 성조에 따라 뜻이 달라지는 경우가 많으니 정확히 알아두는 것이 중요하다.

5 중국어는 글자 하나가 한 음절을 이루며 독립된 뜻이 있어 해당 글자의 병음을 하나씩 익혀야 한다.

6   우리말은 ~은, ~는, ~이, ~가처럼 격에 따라 조사가 붙고 영어는 격에 따라 형태가 변하지만, 중국어는 인칭이나 시제에 따라 형태가 변하지 않는다.

7   우리말은 시간에 따라 영어는 인칭이나 시제에 따라 동사가 변하지만, 중국어는 동사의 변화가 없다. 다만 시간을 나타내는 명사나 부사를 사용하거나 동사 뒤에 조사를 넣어 시제를 나타낸다.

8   중국어의 기본 어순은 주어 + 동사 + 목적어로 영어와 어순이 같으며 우리말과는 어순이 다르다.

9   중국어는 우리말과 달리 띄어쓰기, 명사의 성별 및 단·복수의 변화가 없고 존칭어 또한 매우 단순하다.

10   어순과 단어가 정해져 있어 표현에 제약이 따르는 중국어는 대신 부사, 보어, 조사를 많이 활용한다. 그러나 종류가 많고 중복해서 사용할 수도 있으니 정확하게 알아두는 것이 좋다.

중국어 음절은 성조, 성모, 운모 세 가지로 구성되어 있다.

각 음절마다 가지고 있는 음의 높낮이 변화를 성조라고 하고 성조에는 4성이 있다.

음절의 첫소리에 오는 자음에 해당하며 모두 21개가 있다.

음절에서 성모를 제외한 부분에 해당하며 발음 부위 방법에 따라
단운모, 복운모, 비운모, 권설운모, 결합운모로 나뉘며 모두 36개가 있다.

3 중국어 성조의 특성

중국어는 다른 언어와 다르게 특별한 높낮이를 가지고 있는데 이것을 네 가지로 구분해서 소리내는 것을 4성이라고 한다. 보통 성조를 표시할 때 그림과 같이 높낮이를 구분한다. 일반적인 대화를 할 때 자신이 내는 음의 높이를 중간음이라고 하는데 이 중간음을 기준으로 높게 발음하면 고음 즉, 제1성의 소리 영역이 되고 중간음에서 낮게 발음하면 제3성의 소리 영역이 된다.

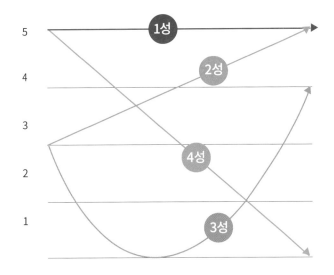

제1성 : 높고 길게 발음하며 '솔' 정도의 높이에서 발음한다.

제2성 : 중간음에서 단숨에 '솔' 정도까지 빠르고 짧게 끌어올리며 발음한다. 우리말의 '왜?'와 같은 느낌으로 생각한다.

제3성 : 중간음에서 저음으로 내렸다가 다시 올라가면서 발음한다.

제4성 : 가장 높은 음에서 가장 낮은 음으로 짧고 세게 발음한다.

경성 : 어떤 음절이 원래 성조의 조치를 잃고, 짧고 가볍게 발음되는 때도 있는데 이를 경성이라 하며 병음으로 발음을 표기할 때 경성에는 성조 부호를 붙이지 않는다.

중국어 성조의 변화

제3성의 연속

제3성은 성조 변화가 있는 음으로 제3성 음절 뒤에 제3성이 연이어 나온다면 앞의 제3성을 제2성으로 바꿔서 읽는다. 하지만 성조 부호는 원래대로 제3성으로 표기한다.

> **예** 제3성 + 제3성   제2성 + 제3성
> ˇ   ˇ   ˊ   ˇ
> nǐ hǎo → ní hǎo   안녕하세요

반3성

제3성 뒤에 제1성, 제2성, 제4성, 경성이 오면 앞의 제3성은 반3성으로 발음한다. 여기서 반3성이란 제3성에서 상승하는 후반부를 생략한 발음을 말한다. 반3성도 성조 부호를 달리 쓰지는 않는다.

> **예** 제3성 + 제1, 2, 4성, 경성   반3성 + 제1, 2, 4성, 경성
> ˇ   ˇ
> dǎ kāi   →   dǎ kāi   열다

不의 성조 변화

不(bù)는 본래 제4성이지만 제4성 앞에서는 항상 제2성으로 발음한다.

> **예** bù + 제4성   bú + 제4성
> ＼   ＼   ／   ＼
> bù pà → bú pà   무서워하지 않다

성조 부호는 변한 성조로 표시한다.

一의 성조 변화

숫자 一(yī)은 본래 제1성이지만 一만 단독으로 읽을 때와 서수로 쓰일 때만 제1성 그대로 발음하고, 그 외에는 성조가 변한다.

- 제1성 그대로 발음되는 경우

> **예** yī 일 숫자로 쓰일 때
>
> yī yuè 1월 서수로 쓰일 때

- 성조가 변하는 경우

본래는 제1성이지만 제1성, 제2성, 제3성 앞에서는 제4성으로 발음하고, 제4성이나 제4성에서 변한 경성 앞에서는 제2성으로 발음한다.

이때 성조 부호는 아예 변한 성조로 표시하기도 하고, 원래의 성조를 표시하기도 하지만 발음할 때는 변화 규칙에 따라야 한다.

5 중국어 성조 표기 방법

❶ 성조 부호는 제1성(ˉ), 제2성(ˊ), 제3성(ˇ), 제4성(ˋ)으로 표기한다.

> 예 mā 엄마 má 삼베 mǎ 말 mà 욕하다

❷ 성조는 단운모 a, o, e, i, u, ü 위에 표기한다.

> 예 māo 고양이 kòuzi 단추 méigui 장미

❸ 둘 이상의 모음이 있으면, 성조 부호는 입이 크게 벌어지는 순서인 a〉o, e〉i, u, ü 순으로 표시한다.

> 예 táo 복숭아 mèimei 여동생 késou 기침

❹ i 위에 표기할 경우 i의 점을 생략하고 표시한다.

> 예 jī 닭 bīng 얼음 jǐdiǎn 몇 시

❺ i, u 혹은 u, i가 함께 쓰인 경우에는 뒤에 있는 모음에 표기한다.

> 예 diū 잃다 huí 돌다 jiǔ 9

❻ 경성일 경우에는 성조를 표시하지 않는다.

> 예 māma 엄마 nǎinai 할머니 bàba 아빠

중국어 한어병음 쓰기 규칙

❶ 병음은 로마자 알파벳 소문자로 표기한다.

❷ 문장의 첫 음절이나, 고유명사의 첫 음절은 알파벳 대문자로 표기한다.

❸ 성모가 없을 때 운모 표기법은 다음과 같다.

★ **a, o, e**로 시작하는 경우, 첫 번째 음절이면 그대로 쓴다.

★ **i, u**로 시작하며 뒤에 다른 모음을 동반하지 않을 때는 **i**는 앞에 **y**를, **u**는 앞에 **w**를 붙여 표기하고 뒤에 다른 모음을 동반하는 경우에는 **i**는 **y**로, **u**는 **w**로 바뀐다.

★ **ü**로 시작하는 음절은 **ü**를 **yu**로 바뀐다.

i와 결합한 운모	ia	ie	iao	iou	ian	in	iang	ing	iong
	ya	ye	yao	you	yan	yin	yang	ying	yong
u와 결합한 운모	ua	uo	uai	uei	uan	uen	uang	ueng	
	wa	wo	wai	wei	wan	wen	wang	weng	
ü와 결합한 운모	üe	üan	ün						
	yue	yuan	yun						

★ **uei, iou, uen**이 성모와 함께 쓰일 경우, **ui, iu, un**으로 바뀐다.

★ **ü**가 성모 **j, q, x**와 결합할 때는 **ü** 위의 두 점을 생략한다. 그러나 **ü** 앞에 성모가 **n, l**이 있으면 두 점을 생략하지 않는다.

13

7 중국어 운모와 성모 익히기

1. 운모

우리말의 모음에 해당하며 발음 부위와 방법에 따라 16개의 운모와 22개의 결합운모로 이루어져 있다.

단운모   입모양과 혀의 위치가 변하지 않는다.

❶ **a**　　**o**❷　　**e**❸　　**i**　　**u**　　**ü**
아　　오(어)　　으어　　이　　우　　위

❶ **a**가 **ian**과 **üan**의 형태로 쓰일 때는 우리말 **에**에 가깝게 발음한다.
❷ **e**의 기본 발음은 **으어**지만 **ie, ei, ue**의 형태로 쓰일 때는 우리말 **에**에 가깝게 발음한다.
❸ **i**는 보통 **이**로 발음하지만 **zh, ch, sh, r, z, c, s** 뒤에 오면 우리말 **으**에 가깝게 발음한다.

복운모   입모양과 혀의 위치는 처음과 끝이 다르다.

ai　　**ei**❹　　**ao**　　**ou**
아이　　에이　　아오　　어(오)우

❹ **e**는 **i, u, ü**를 만나면 발음이 **으어**가 아닌 **에**에 가깝게 발음한다.

비운모   입모양과 혀의 위치는 처음과 끝이 다르다.　　　　**권설운모**

an　　**en**　　**ang**　　**eng**　　**ong**　　　　**er**
안　　언　　앙　　엉　　웅　　　　얼

i, u, ü 뒤에 다른 모음이 결합하여 만들어진다.

(   )은 성모 없이 단독으로 쓰일 때의 운모 표기.

ia
(ya)
이아

iao
(yao)
이아오

ie
(ye)
이에

❺ **i(o)u**
(you)
이어우

ian
(yan)
이엔

iang
(yang)
이앙

in
(yin)
인

ing
(ying)
잉

iong
(yong)
이옹

ua
(wa)
우아

uo
(wo)
우어

uai
(wai)
우아이

❻ **u(e)i**
(wei)
우에이

uan
(wan)
우안

uang
(wang)
우앙

❼ **u(e)n**
(wen)
우언

❽ **ueng**
(weng)
우엉

üe
(yue)
위에

üan
(yuan)
위옌

ün
(yun)
윈

❺ **iou**는 성모가 있으면 **성모 + iu**로 표기한다.

❻ **uei**는 성모가 있으면 **성모 + ui**로 표기한다.

❼ **uen**은 성모가 있으면 **성모 + un**으로 표기한다.

❽ **ueng** 발음 앞에는 다른 성모가 오지 않아 거의 **weng**로 표기한다.

2. 성모

성모는 중국어 음절의 첫 부분에 오는 21개의 자음을 말하며 우리말 발음 부위와 방법에 따라 나눌 수 있다.

쌍순음

윗입술과 아랫입술을 붙였다가 떼면서 내는 소리로 o를 붙여서 읽는다.

b	p	m	f
뽀어	포어	모어	포어

설첨음

혀끝을 윗잇몸 뒤에 대고 내는 소리로 e를 붙여서 읽는다.

d	t	n	l
뜨어	트어	느어	르어

설근음

혀뿌리를 안쪽 입천장에 댔다가 떼면서 내는 소리로 e를 붙여서 읽는다.

g	k	h
끄어	크어	흐어

혓바닥을 입천장에 댔다가 떼면서 내는 소리로 i를 붙여서 읽는다.

j	q	x
지	치	시

❶ j, q, x가 ü 앞에 올때는 u로 표기하며 우리말 **쮜, 취, 쉬**에 가깝게 발음한다.
❷ j, q, x 뒤에는 i와 ü만 올 수 있다.

혀끝을 위쪽으로 말아 올려서 혀끝과 입천장 사이에서 내는 소리로 음가 없는 i를 붙여서 읽는다.

zh	ch	sh	r
즈	츠	스	르

이 사이쯤에 혀를 위치, 이 사이로 바람이 새어 나가는 소리로 음가 없는 i를 붙여서 읽는다.

z	c	s
쯔	츠	쓰

중국어 운모
익히기

운모+성모 한어병음표

성모＼운모	a	o	e	i	u	ü	ai
b	ba	bo		bi	bu		bai
p	pa	po		pi	pu		pai
m	ma	mo	me	mi	mu		mai
f	fa	fo			fu		
d	da		de	di	du		dai
t	ta		te	ti	tu		tai
n	na		ne	ni	nu	nü	nai
l	la		le	li	lu	lü	lai
g	ga		ge		gu		gai
k	ka		ke		ku		kai
h	ha		he		hu		hai
j				ji		ju	
q				qi		qu	
x				xi		xu	
zh	zha		zhe	zhi	zhu		zhai
ch	cha		che	chi	chu		chai
sh	sha		she	shi	shu		shai
r			re	ri	ru		
z	za		ze	zi	zu		zai
c	ca		ce	ci	cu		cai
s	sa		se	si	su		sai

ei	ao	ou	an	en	ang	eng	ong	er
bei	bao		ban	ben	bang	beng		
pei	pao	pou	pan	pen	pang	peng		
mei	mao	mou	man	men	mang	meng		
fei		fou	fan	fen	fang	feng		
dei	dao	dou	dan	den	dang	deng	dong	
	tao	tou	tan		tang	teng	tong	
nei	nao	nou	nan	nen	nang	neng	nong	
lei	lao	lou	lan		lang	leng	long	
gei	gao	gou	gan	gen	gang	geng	gong	
kei	kao	kou	kan	ken	kang	keng	kong	
hei	hao	hou	han	hen	hang	heng	hong	
zhei	zhao	zhou	zhan	zhen	zhang	zheng	zhong	
	chao	chou	chan	chen	chang	cheng	chong	
shei	shao	shou	shan	shen	shang	sheng		
	rao	rou	ran	ren	rang	reng	rong	
zei	zao	zou	zan	zen	zang	zeng	zong	
	cao	cou	can	cen	cang	ceng	cong	
	sao	sou	san	sen	sang	seng	song	

a

MP3 파일
QR코드

아

혀를 입 바닥으로 낮게 내리고 입은 크게 벌리면서
우리말 **아**와 같이 발음한다

병음 익히기

1성	2성
ā	á
3성	4성
ǎ	à

단어 익히기

māo
마오
고양이

yáng
양
양

ǎi
아이
작다

àn
안
어둡다

 **단어 쓰기**

māo 고양이	*māo māo māo*
yáng 양	*yáng yáng yáng*
ǎi 작다	*ǎi ǎi ǎi*
àn 어둡다	*àn àn àn*

 **셀프 테스트**

1. 다음 단어를 듣고 알맞은 병음을 쓰시오.

| ① y__ng | ② __i | ③ __n | ④ m__o |

2. 다음 단어를 듣고 알맞은 그림을 고르시오.

①  ②  ③  ④

o

MP3 파일
QR코드

오(어)

입을 반쯤 벌려 입술을 둥글게 하고
우리말 **오**와 **어**의 중간음으로 발음한다.

 병음 익히기

1성	2성
ō	ó
3성	**4성**
ǒ	ò

 단어 익히기

dōngtiān

똥티엔

겨울

tóngshì

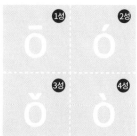

퉁스

동료

huǒjiàn

후어지엔

로켓

kòuzi

커우즈

단추

 단어 쓰기

dōngtiān 겨울	

tóngshì 동료	

huǒjiàn 로켓	

kòuzi 단추	

 셀프 테스트

1. 다음 단어를 듣고 알맞은 병음을 쓰시오.

① d___ngtiān

② k___uzi

③ hu___jiàn

④ t___ngshì

2. 다음 단어를 듣고 알맞은 그림을 고르시오.

 ①  ②  ③  ④

e

MP3 파일
QR코드

으어

입을 반쯤 벌리고 혀를 뒤로 약간 끌어당긴 채
우리말 **으어**와 같이 발음한다

병음 익히기

e	e	e	e
e	e	e	e

ē 1성	é 2성
ě 3성	è 4성

단어 익히기

fēng
펑
바람

étou
으어터우
이마

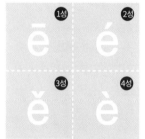

ěxin
으어씬
구역질

fèi
페이
요금, 수수료

 단어 쓰기

fēng 바람	fēng fēng fēng
étou 이마	étou étou étou
ěxin 구역질	ěxin ěxin ěxin
fèi 요금, 수수로	fèi fèi fèi

 셀프 테스트

1. 다음 단어를 듣고 알맞은 병음을 쓰시오.

① f__i

② __xin

③ f__ng

④ __tou

2. 다음 단어를 듣고 알맞은 그림을 고르시오.

 ①

 ②

 ③

 ④

i

MP3 파일
QR코드

이

입을 최대한 옆으로 벌린 상태에서
우리말 **이**와 같이 발음한다

병음 익히기

1성 ˉ	2성 ´
3성 ˇ	4성 `

단어 익히기

bīng
삥

얼음

āyí
아이

아주머니

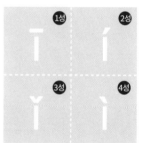

huǒtuǐ
후어투에이

햄

mìmì
미미

비밀

 **단어 쓰기**

bīng 얼음	
āyí 아주머니	
huǒtuǐ 햄	
mìmì 비밀	

 **셀프 테스트**

1. 다음 단어를 듣고 알맞은 병음을 쓰시오.

① āy＿＿

② m＿＿mì

③ huǒtu＿＿

④ b＿＿ng

2. 다음 단어를 듣고 알맞은 그림을 고르시오.

①

②

③

④

u

MP3 파일
QR코드

우

입을 최소로 벌리고 입술을 둥글게 한 채
앞으로 내밀면서 우리말 **우**와 같이 발음한다

 병음 익히기

1성	2성
ū	ú
3성	**4성**
ǔ	ù

 단어 익히기

fūqī
푸치

부부

yú
위

물고기

kǔ
쿠

쓰다, 고통스럽다

hùshi
후스

간호사

fūqī 부부	fūqī fūqī fūqī
yú 물고기	yú yú yú
kǔ 쓰다, 고통스럽다	kǔ kǔ kǔ
hùshi 간호사	hùshi hùshi hùshi

 셀프 테스트

1. 다음 단어를 듣고 알맞은 병음을 쓰시오.

| ① h __ shi | ② f __ qī | ③ y __ | ④ k __ |

2. 다음 단어를 듣고 알맞은 그림을 고르시오.

 ①    ②    ③    ④

MP3 파일
QR코드

위

피리 불 때의 입술 모양을 유지하며
우리말 **위**와 같이 발음한다

병음 익히기

ǖ 1성   ǘ 2성
ǚ 3성   ǜ 4성

단어 익히기

성모 j, q, x 뒤에 오는 u는 위에 점이 없어도 ü로 발음한다.
성모 n과 l 뒤에는 ü의 점을 지우지 않는다.
성모 없이 단독으로 쓰이면 yu로 표기하고 위로 발음한다.

xūyào
쉬야오

필요로 하다

lǘ
뤼

당나귀

nǚxìng
뉘씽

여성

xuánlǜ
쉬안뤼

멜로디

 단어 쓰기

xūyào 필요로 하다	
lǘ 당나귀	
nǚxìng 여성	
xuánlǜ 멜로디	

 셀프 테스트

1. 다음 단어를 듣고 알맞은 병음을 쓰시오.

① xuánl__

② x__yào

③ n__xìng

④ l__

2. 다음 단어를 듣고 알맞은 그림을 고르시오.

①

②

③

④

ai

MP3 파일
QR코드

아이

우리말 **아이**와 같이 발음하되
a에 강세를 두고 **i** 는 가볍게 붙여 발음한다

병음 익히기

1성	2성
āi	ái
3성	**4성**
ǎi	ài

단어 익히기

kāi
카이

열다

lái
라이

오다

bǎi
빠이

백

àiqíng
아이칭

애정

34

 **단어 쓰기**

kāi 열다	
lái 오다	
bǎi 백	
àiqíng 애정	

셀프 테스트

1. 다음 단어를 듣고 알맞은 병음을 쓰시오.

① l____   ② k____   ③ ____qíng   ④ b____

2. 다음 단어를 듣고 알맞은 그림을 고르시오.

①

②

③

④

ei

MP3 파일
QR코드

에이

e는 운모와 결합하여 **에**가 된다. 우리말 **에이**와
같이 발음하되 **에**를 강하게 **이**를 짧게 발음한다

  병음 익히기

1성	2성
ēi	éi
3성	**4성**
ěi	èi

  단어 익히기

bēi

삐에이

컵, 잔

méigui

메이꾸에이

장미

měishù

메이수

미술

nèiyī

네이이

속옷

bēi 컵, 잔	bēi bēi bēi
méigui 장미	méigui méigui méigui
měishù 미술	měishù měishù měishù
nèiyī 속옷	nèiyī nèiyī nèiyī

 셀프 테스트

1. 다음 단어를 듣고 알맞은 병음을 쓰시오.

| ① m＿＿shù | ② b＿＿ | ③ m＿＿gui | ④ n＿＿yī |

2. 다음 단어를 듣고 알맞은 그림을 고르시오.

 ①    ②    ③    ④

ao

MP3 파일
QR코드

아오

우리말 **아오**와 같이 발음하되
a에 강세를 두고 **o**는 가볍게 붙여 소리 낸다

병음 익히기

1성	2성
āo	áo
3성	**4성**
ǎo	ào

단어 익히기

bāo
빠오

감싸다, 싸매다

táo
타오

복숭아

chǎo
차오

볶다

bàozhǐ
빠오즈

신문

 **단어 쓰기**

bāo 감싸다, 싸매다	bāo bāo bāo
táo 복숭아	táo táo táo
chǎo 볶다	chǎo chǎo chǎo
bàozhǐ 신문	bàozhǐ bàozhǐ bàozhǐ

 **셀프 테스트**

1. 다음 단어를 듣고 알맞은 병음을 쓰시오.

① b＿＿＿

② b＿＿＿zhǐ

③ ch＿＿＿

④ t＿＿＿

2. 다음 단어를 듣고 알맞은 그림을 고르시오.

 ①

 ②

 ③

 ④

ou

MP3 파일
QR코드

어(오)우

입술을 둥글게 해서 **어**와 **오**의 중간 음으로
가볍게 **우**를 곁들여 우리말 **어(오)우**와
같이 발음한다

 병음 익히기

1성	2성
ōu	óu
3성	4성
ǒu	òu

 단어 익히기

yōuyù
요우위
걱정하다

yóuyú
요우위
오징어

rùkǒu
루커우
입구

hòu
허우
두껍다

yōuyù 걱정하다	
yóuyú 오징어	
rùkǒu 입구	
hòu 두껍다	

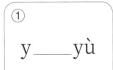 셀프 테스트

1. 다음 단어를 듣고 알맞은 병음을 쓰시오.

① y___yù	② rùk___	③ y___yú	④ h___

2. 다음 단어를 듣고 알맞은 그림을 고르시오.

① 	② 	③ 	④ 

an

MP3 파일
QR코드

안

먼저 **a**를 발음한 후 연이어 콧소리 **n**을 소리 내며
우리말 **안**과 같이 발음한다

 병음 익히기

an	an	an	an
an	an	an	an

1성 ān	2성 án
3성 ǎn	4성 àn

 단어 익히기

fānqié

판치에

토마토

Hánguó

한꾸어

한국

mǎn

만

채우다

bàn

빤

절반, 2분의 1

42

fānqié 토마토	
Hánguó 한국	
mǎn 채우다	
bàn 절반, 2분의 1	

 셀프 테스트

1. 다음 단어를 듣고 알맞은 병음을 쓰시오.

① f___qié

② m___

③ H___guó

④ b___

2. 다음 단어를 듣고 알맞은 그림을 고르시오.

 ①

 ②

 ③

 ④

en

MP3 파일
QR코드

언

먼저 **e**를 발음하다가 콧소리 **n**을 소리 내어
우리말 **언**과 같이 발음한다

  병음 익히기

1성	2성
ēn	én
3성	4성
ěn	èn

  단어 익히기

fēn
펀
나누다

rén
런
사람

hěn
헌
매우, 잘

mèn
먼
우울하다

 **단어 쓰기**

fēn 나누다	
rén 사람	
hěn 매우, 잘	
mèn 우울하다	

 **셀프 테스트**

1. 다음 단어를 듣고 알맞은 병음을 쓰시오.

① h____   ② m____   ③ r____   ④ f____

2. 다음 단어를 듣고 알맞은 그림을 고르시오.

①    ②    ③    ④

ang

MP3 파일
QR코드

앙

입을 크게 벌리고 혀를 안쪽으로 모아
a라고 소리 내면서 우리말 **앙**과 같이 발음한다

병음 익히기

āng ¹성	áng ²성
ǎng ³성	àng ⁴성

단어 익히기

jiāng
지앙
강

chuáng
추앙
침대

xiǎng
시앙
생각하다

pàng
팡
뚱뚱하다

jiāng 강	jiāng jiāng jiāng
chuáng 침대	chuáng chuáng
xiǎng 생각하다	xiǎng xiǎng xiǎng
pàng 뚱뚱하다	pàng pàng pàng

 셀프 테스트

1. 다음 단어를 듣고 알맞은 병음을 쓰시오.

| ① p____ | ② ji____ | ③ chu____ | ④ xi____ |

2. 다음 단어를 듣고 알맞은 그림을 고르시오.

 ①    ②    ③    ④

eng

MP3 파일
QR코드

엉

ang와 같은 콧소리 느낌으로
우리말 엉과 같이 발음한다

병음 익히기

| | 1성 ēng | 2성 éng |
| | 3성 ěng | 4성 èng |

단어 익히기

dēng
떵
등불

péngyou
펑요우
친구

hánlěng
한렁
춥다

èmèng
으어멍
악몽

 단어 쓰기

dēng 등불	

péngyou 친구	

hánlěng 춥다	

èmèng 악몽	

 셀프 테스트

1. 다음 단어를 듣고 알맞은 병음을 쓰시오.

① èm_____   ② d_____   ③ p_____you   ④ hánl_____

2. 다음 단어를 듣고 알맞은 그림을 고르시오.

 ①    ②    ③    ④

ong

MP3 파일
QR코드

옹

ang와 같은 콧소리 느낌으로
우리말 **옹**과 같이 발음한다

병음 익히기

| | | | ōng ^{1성} | óng ^{2성} |
| ǒng ^{3성} | òng ^{4성} |

단어 익히기

zuòzhōng

쭈어쭝

탁상시계

bùtóng

뿌퉁

다르다

dǒng

똥

알다

láodòng

라오뚱

노동

zuòzhōng 탁상시계	
bùtóng 다르다	
dǒng 알다	
láodòng 노동	

 셀프 테스트

1. 다음 단어를 듣고 알맞은 병음을 쓰시오.

① zuòzh＿＿＿＿

② láod＿＿＿＿

③ bùt＿＿＿＿

④ d＿＿＿＿

2. 다음 단어를 듣고 알맞은 그림을 고르시오.

①

②

③

④

er

MP3 파일
QR코드

얼

e를 발음하다가 혀끝을 굴리며
입천장에 닿지 않게 우리말 **얼**과 같이 발음한다

병음 익히기

1성	2성
ēr	ér
3성	4성
ěr	èr

단어 익히기

ér
얼

어린이

érnǚ
얼뉘이

자녀

ěrduo
얼뚜어

귀

èrcénglóu
얼청러우

이층집

er은 특수한 음으로 성모와 함께 발음할 수 없는 독립적인 음절이다. 단독으로 쓰이기도 하지만 주로 명사 뒤에 儿(ér) 붙여 발음을 변화시켜 er화(儿化)된 단어를 만든다. 이를 얼화라고 하는데 자세히 알아보도록 하자.

얼화란?

권설운모 er이 다른 운모와 결합하여 er화 운모를 만드는 것을 er화(儿化)라고 한다. 베이징 일대의 북방지역에서 주로 쓰이는 것이 특징으로 특별한 뜻을 가지고 있지는 않지만 말할 때 친숙하고 귀여운 이미지를 나타내 주므로 습관적으로 쓰인다. er화(儿化)가 되려면 한자에는 儿자를 덧붙이고 병음일 경우에는 원래의 운모 뒤에 r을 붙여주며 어떤 음절 뒤에 붙느냐에 따라 발음, 표기 방식, 때로는 뜻이 달라지므로 주의해야 한다.

얼화의 쓰임

- **–a, –o, –e, –u**로 끝날 때는 **–r**음을 첨가한다.

  예 huā 화 → huār 화-ㄹ 꽃

- **–ai, –ei, –n, –ng**로 끝날 때는 **–i, –n, -ng**음을 빼고 **–r**음을 첨가한다.

  예 wán 완 → wánr 와-ㄹ 놀다

- **–in, –ing**로 끝날 때는 **–n, –ng**음을 빼고 **–r**음을 첨가한다.

  예 yǎnjìng 이엔찡 → yǎnjìngr 이엔찔 안경

- **–i, –ü**로 끝날 때는 **i, ü**음을 빼고 **–r**음을 첨가한다.

  예 yú 위 → yúr 위얼 물고기

- **zi, ci, si, zhi, chi, shi**로 끝날 때는 **으** 소리를 **에**로 바꾼 후 **r** 소리만 첨가한다.

  예 guāzǐ 꽈즈 → guāzǐr 꽈젤 씨

한눈에 미리보는 성모

b 뽀어	**p** 포어	**m** 모어	_____	**쌍순음** 두 입술을 붙였다가 떼면서 발음한다.
f 포어	_____			**윗니를 아랫입술에 살짝 댔다 떼면서 발음한다.**
d 뜨어	**t** 트어	**n** 느어	**l** 르어	**설첨음** 혀끝을 윗니 뒤 잇몸에 붙였다가 떼면서 발음한다.
g 끄어	**k** 크어	**h** 흐어	_____	**설근음** 혀뿌리를 들어 올려 (여린)입천장에 가까이 대며 발음한다.
j 지	**q** 치	**x** 시	_____	**설면음** 혓바닥 앞부분을 평평하게 하고 (센)입천장 앞쪽에 가까이 대며 발음한다.
zh 즈	**ch** 츠	**sh** 스	**r** 르	**권설음** 혀끝을 말듯이 하여 (센)입천장 앞쪽에 가까이 대며 발음한다.
z 쯔	**c** 츠	**s** 쓰	_____	**설치음** 혀끝을 윗니 뒤쪽에 붙였다가 떼면서 발음한다.

중국어 성모
익히기

MP3 파일
QR코드

뽀어

두 입술을 다물었다가 떼면서
우리말 **뽀어**와 같이 발음한다

병음 익히기

bo	bo	bo	bu

1성	2성
bō	bó
3성	4성
bǒ	bò

성모와 운모의 결합

성모와 **단운모**의 결합	a ba 빠	o bo 뽀어	e	i bi 삐	u bu 뿌
성모와 **복운모**의 결합	ai bai 빠이	ei bei 뻬이	ao bao 빠오	ou	
성모와 **비운모**의 결합	an ban 빤	en ben 뻔	ang bang 빵	eng beng 뻥	ong

bāzhang
빠장

손바닥

bí
삐

코

bǐsàbǐng
삐싸삥

피자

bùmǎn
뿌만

불만

 셀프 테스트

1. 다음 단어를 듣고 알맞은 병음을 쓰시오.

① _____ sàbǐng

② _____ zhang

③ _____ mǎn

④ _____

2. 다음 단어를 듣고 알맞은 그림을 고르시오.

①

②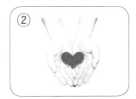

③

④

p

 MP3 파일
QR코드

포어

바람을 입 밖으로 강하게 내보내며
우리말 **포어**와 같이 발음한다

 병음 익히기

pō (1성)	pó (2성)
pǒ (3성)	pò (4성)

 성모와 운모의 결합

성모와 **단운모**의 결합	a	o	e	i	u
	pa 파	po 포어		pi 피	pu 푸

성모와 **복운모**의 결합	ai	ei	ao	ou	
	pai 파이	pei 페이	pao 파오	pou 퍼우	

성모와 **비운모**의 결합	an	en	ang	eng	ong
	pan 판	pen 펀	pang 팡	peng 펑	

huópō
후어포어

활발하다

pánzi
판쯔

쟁반

pǎo
파오

달리다

piàoliang
피아오리앙

예쁘다

 셀프 테스트

1. 다음 단어를 듣고 알맞은 병음을 쓰시오.

① _____

② _____ liang

③ huó _____

④ _____ zi

2. 다음 단어를 듣고 알맞은 그림을 고르시오.

①

②

③

④

m

MP3 파일
QR코드

모어

두 입술을 다물었다가 떼면서
우리말 **모어**와 같이 발음한다

병음 익히기

1성	2성
mō	mó

3성	4성
mǒ	mò

성모와 운모의 결합

	a	o	e	i	u
성모와 **단운모**의 결합	ma 마	mo 모어	me 므어	mi 미	mu 무
	ai	ei	ao	ou	
성모와 **복운모**의 결합	mai 마이	mei 메이	mao 마오	mou 머우	
	an	en	ang	eng	ong
성모와 **비운모**의 결합	man 만	men 먼	mang 망	meng 멍	

mmāma

마마

어머니

mógu

모어꾸

버섯

Měiguó

메이꾸어

미국

mèimei

메이메이

여동생

 셀프 테스트

1. 다음 단어를 듣고 알맞은 병음을 쓰시오.

① _____ ma

② _____ guó

③ _____ gu

④ _____ mei

2. 다음 단어를 듣고 알맞은 그림을 고르시오.

①

②

③

④

MP3 파일
QR코드

포어

입김이 아랫입술과 윗니 틈으로 밀려 나오며
우리말 **포어**와 같이 발음한다

병음 익히기

1성	2성
fō	fó
3성	4성
fǒ	fò

성모와 운모의 결합

성모와 **단운모**의 결합	a	o	e	i	u
	fa 파	fo 포어			fu 푸

성모와 **복운모**의 결합	ai	ei	ao	ou
		fei 페이		fou 퍼우

성모와 **비운모**의 결합	an	en	ang	eng	ong
	fan 판	fen 펀	fang 팡	feng 펑	

fābiǎo

파삐아오

발표

féizào

페이짜오

비누

fěn

펀

가루

fùqīn

푸친

아버지

 셀프 테스트

1. 다음 단어를 듣고 알맞은 병음을 쓰시오.

①	②	③	④
＿＿＿ qīn	＿＿＿ zào	＿＿＿ biǎo	＿＿＿＿＿

2. 다음 단어를 듣고 알맞은 그림을 고르시오.

① 　② 　③ 　④

d

MP3 파일
QR코드

뜨어

혀끝을 위 잇몸에 붙였다가 떼면서
우리말 **뜨어**와 같이 발음한다

병음 익히기

1성	2성
dē	dé

3성	4성
dě	dè

성모와 운모의 결합

성모와 **단운모**의 결합	a	o	e	i	u
	da 따		de 뜨어	di 띠	du 뚜

성모와 **복운모**의 결합	ai	ei	ao	ou	
	dai 따이	dei 떼이	dao 따오	dou 떠우	

성모와 **비운모**의 결합	an	en	ang	eng	ong
	dan 딴	den 떤	dang 땅	deng 떵	dong 똥

dāo

따오

칼

dú

뚜

읽다

děng

떵

기다리다

dìtú

띠투

지도

 셀프 테스트

1. 다음 단어를 듣고 알맞은 병음을 쓰시오.

① _____

② _____

③ _____ tú

④ _____

2. 다음 단어를 듣고 알맞은 그림을 고르시오.

①

②

③

④

MP3 파일
QR코드

트어

숨을 강하게 내보내면서
우리말 **트어**와 같이 발음한다

병음 익히기

1성 tē	2성 té
3성 tě	4성 tè

성모와 운모의 결합

성모와 **단운모**의 결합	a ta 타	o	e te 트어	i ti 티	u tu 투
성모와 **복운모**의 결합	ai tai 타이	ei	ao tao 타오	ou tou 터우	
성모와 **비운모**의 결합	an tan 탄	en	ang tang 탕	eng teng 텅	ong tong 통

tāmen
타먼

그들

téng
텅

아프다

tǐyù
티위

체육

tàng
탕

뜨겁다

 셀프 테스트

1. 다음 단어를 듣고 알맞은 병음을 쓰시오.

① _____yù

② _____

③ _____men

④ _____

2. 다음 단어를 듣고 알맞은 그림을 고르시오.

①

②

③

④

n

MP3 파일
QR코드

느어

숨을 코로 내보내면서
우리말 **느어**와 같이 발음한다

 병음 익히기

1성	2성
nē	né
3성	**4성**
ně	nè

 성모와 운모의 결합

성모와 **단운모**의 결합	a	e	i	u	ü
	na 나	ne 느어	ni 니	nu 누	nü 뉘
성모와 **복운모**의 결합	ai	ei	ao	ou	
	nai 나이	nei 네이	nao 나오	nou 너우	
성모와 **비운모**의 결합	an	en	ang	eng	ong
	nan 난	nen 넌	nang 낭	neng 넝	nong 농

nǎli

나리

어디, 어느 곳

nánguā

난꾸아

호박

nǔlì

누리

노력하다

nèikē

네이크어

내과

 셀프 테스트

1. 다음 단어를 듣고 알맞은 병음을 쓰시오.

①	②	③	④
____li	____kē	____guā	____lì

2. 다음 단어를 듣고 알맞은 그림을 고르시오.

①  ②  ③  ④

MP3 파일
QR코드

르어

혀끝을 세워 윗잇몸에 붙이고 있다가 떼면서
우리말 **르어**와 같이 발음한다

 병음 익히기

	1성	2성
	lē	lé
	3성	4성
	lě	lè

 성모와 운모의 결합

	a	e	i	u	ü
성모와 **단운모**의 결합	la 라	le 르어	li 리	lu 루	lü 뤼

	ai	ei	ao	ou	
성모와 **복운모**의 결합	lai 라이	lei 레이	lao 라오	lou 러우	

	an	en	ang	eng	ong
성모와 **비운모**의 결합	lan 란		lang 랑	leng 렁	long 롱

70

lājī

라지

쓰레기

lí

리

배

lěngdòng

렁똥

냉동

lù

루

길

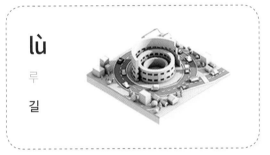

 셀프 테스트

1. 다음 단어를 듣고 알맞은 병음을 쓰시오.

① _____ dòng

② _____

③ _____ jī

④ _____

2. 다음 단어를 듣고 알맞은 그림을 고르시오.

①

②

③

④

MP3 파일
QR코드

끄어

혀뿌리를 입천장에 붙였다가 떼면서
우리말 **끄어**와 같이 발음한다

 병음 익히기

1성	2성
gē	gé
3성	4성
gě	gè

 성모와 운모의 결합

성모와 **단운모**의 결합	a	o	e	i	u
	ga 까		ge 끄어		gu 꾸
성모와 **복운모**의 결합	ai	ei	ao	ou	
	gai 까이	gei 께이	gao 까오	gou 꺼우	
성모와 **비운모**의 결합	an	en	ang	eng	ong
	gan 깐	gen 끄언	gang 깡	geng 끄엉	gong 꽁

gānbēi

깐뻬이

건배

gébàng

끄어빵

조개

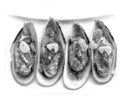

gǎnmào

깐마오

감기

gèrén

끄어런

개인

 셀프 테스트

1. 다음 단어를 듣고 알맞은 병음을 쓰시오.

①	②	③	④
_____rén	_____bēi	_____bàng	_____mào

2. 다음 단어를 듣고 알맞은 그림을 고르시오.

①

②

③

④

k

MP3 파일
QR코드

크어

숨을 강하게 내보내면서
우리말 **크어**와 같이 발음한다

 병음 익히기

1성	2성
kē	ké
3성	4성
kě	kè

 성모와 운모의 결합

성모와 **단운모**의 결합	a	o	e	i	u
	ka 카		ke 크어		ku 쿠
성모와 **복운모**의 결합	ai	ei	ao	ou	
	kai 카이	kei 케이	kao 카오	kou 커우	
성모와 **비운모**의 결합	an	en	ang	eng	ong
	kan 칸	ken 크언	kang 캉	keng 크엉	kong 콩

 단어 익히기

kāfēi

카페이

커피

késou

크어써우

기침

kǔmèn

쿠먼

고민하다

kètí

크어티

과제

 셀프 테스트

1. 다음 단어를 듣고 알맞은 병음을 쓰시오.

① _____mèn

② _____fēi

③ _____tí

④ _____sou

2. 다음 단어를 듣고 알맞은 그림을 고르시오.

①

②

③

④

MP3 파일
QR코드

흐어

혀뿌리를 올려 입천장에 닿을 듯이 하여 그 사이로
숨을 내쉬면서 우리말 **흐어**와 같이 발음한다

 병음 익히기

1성	2성
hē	hé
3성	4성
hě	hè

 성모와 운모의 결합

성모와 **단운모**의 결합	a	o	e	i	u
	ha 하		he 흐어		hu 후
성모와 **복운모**의 결합	ai	ei	ao	ou	
	hai 하이	hei 헤이	hao 하오	hou 허우	
성모와 **비운모**의 결합	an	en	ang	eng	ong
	han 한	hen 흐언	hang 항	heng 흐엉	hong 홍

hē

흐어

마시다

hégé

흐어끄어

합격

hǎochī

하오츠

맛있다

hàn

한

땀

 셀프 테스트

1. 다음 단어를 듣고 알맞은 병음을 쓰시오.

① ＿＿＿＿＿

② ＿＿＿gé

③ ＿＿＿＿＿

④ ＿＿＿chī

2. 다음 단어를 듣고 알맞은 그림을 고르시오.

①

②

③

④

j

MP3 파일
QR코드

지

혓바닥을 올려 입천장에 가볍게 붙였다가
살짝 떼면서 우리말 **지**와 같이 발음한다

병음 익히기

1성 jī	2성 jí
3성 jǐ	4성 jì

성모와 운모의 결합

성모 **j** 뒤에 **ü**가 결합하면 **u**로 표기한다.

성모와 **단운모**의 결합	a	o	e	i **ji** 지	ü **ju** 쥐
성모와 **복운모**의 결합	ai	ei	ao	ou	
성모와 **비운모**의 결합	an	en	ang	eng	ong

jī
지
닭

jíbìng
지삥
질병

jǐnjí
진지
긴급하다

jù
쮜
기구, 도구

 셀프 테스트

1. 다음 단어를 듣고 알맞은 병음을 쓰시오.

① _____bìng

② _____

③ _____jí

④ _____

2. 다음 단어를 듣고 알맞은 그림을 고르시오.

①

②

③

④

q

MP3 파일
QR코드

치

숨을 강하게 내보내면서
우리말 **치**와 같이 발음한다

병음 익히기

1성	2성
qī	qí
3성	**4성**
qǐ	qì

성모와 운모의 결합

성모 q 뒤에 ü가 결합하면 u로 표기한다.

성모와 **단운모**의 결합	a	o	e	i qi 치	ü qu 취
성모와 **복운모**의 결합	ai	ei	ao	ou	
성모와 **비운모**의 결합	an	en	ang	eng	ong

qī
치
일곱

qílín
치린
기린

qǔchǐ
취츠
충치

qùwèi
취웨이
취미

 셀프 테스트

1. 다음 단어를 듣고 알맞은 병음을 쓰시오.

① _____wèi

② _____lín

③ _____chǐ

④ _____

2. 다음 단어를 듣고 알맞은 그림을 고르시오.

①

②

③

④

MP3 파일
QR코드

시

혓바닥을 입천장에 접근시키되 붙이지 말고
그 사이로 숨을 내쉬면서
우리말 **시**와 같이 발음한다

병음 익히기

1성	2성
xī	xí
3성	4성
xǐ	xì

성모와 운모의 결합

성모 x 뒤에 **ü**가 결합하면 **u**로 표기한다.

성모와 **단운모**의 결합	a	o	e	i **xi** 시	ü **xu** 쉬
성모와 **복운모**의 결합	ai	ei	ao	ou	
성모와 **비운모**의 결합	an	en	ang	eng	ong

xīnlǐ

신리

심리, 기분

xízi

시쯔

돗자리

xǐ

시

씻다

xìnhán

신한

편지

1. 다음 단어를 듣고 알맞은 병음을 쓰시오.

①	②	③	④
_____ zi	_____	_____ hán	_____ lǐ

2. 다음 단어를 듣고 알맞은 그림을 고르시오.

①   ②   ③   ④

zh

MP3 파일
QR코드

즈

혀끝을 안으로 말아올려 입천장에
가볍게 닿게 한 뒤 약간만 떼면서 숨을 내쉬며
우리말 **즈**와 같이 발음한다

 병음 익히기

		1성 zhī	2성 zhí
		3성 zhǐ	4성 zhì

 성모와 운모의 결합 성모 zh와 운모 i가 결합하면 으로 발음한다.

	a	o	e	i	u
성모와 **단운모**의 결합	zha 자		zhe 저	zhi 즈	zhu 주
	ai	ei	ao	ou	
성모와 **복운모**의 결합	zhai 자이	zhei 제이	zhao 자오	zhou 저우	
	an	en	ang	eng	ong
성모와 **비운모**의 결합	zhan 잔	zhen 전	zhang 장	zheng 정	zhong 종

 단어 익히기

Zhōngguó
종꾸어
중국

zhíyè
즈위에
직업

zhǔfù
주푸
주부

zhàopiàn
자오피엔
사진

 셀프 테스트

1. 다음 단어를 듣고 알맞은 병음을 쓰시오.

① _____yè

② _____fù

③ _____guó

④ _____piàn

2. 다음 단어를 듣고 알맞은 그림을 고르시오.

①

②

③

④

ch

MP3 파일
QR코드

츠

zh와 같은 방법으로 발음하되 입김을 더 강하게
내보내면서 우리말 **츠**와 같이 발음한다

 병음 익히기

1성 chī	2성 chí
3성 chǐ	4성 chì

 성모와 운모의 결합   성모 ch와 운모 i가 결합하면 으로 발음한다.

	a	o	e	i	u
성모와 **단운모**의 결합	cha 차		che 처	chi 츠	chu 추

	ai	ei	ao	ou	
성모와 **복운모**의 결합	chai 차이		chao 차오	chou 처우	

	an	en	ang	eng	ong
성모와 **비운모**의 결합	chan 찬	chen 천	chang 창	cheng 청	chong 총

chāzi
차즈

포크

chá
차

차

chǒu
처우

못생기다

chènyī
천이

셔츠, 내의

셀프 테스트

1. 다음 단어를 듣고 알맞은 병음을 쓰시오.

① _____

② _____ yī

③ _____

④ _____ zi

2. 다음 단어를 듣고 알맞은 그림을 고르시오.

①

②

③

④

MP3 파일
QR코드

스

ch와 같이 발음하되 혀끝을
잇몸에 대지 않고 그 사이로 숨을 내쉬면서
우리말 스와 같이 발음한다

병음 익히기

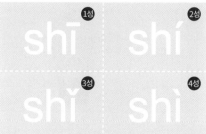

1성	2성
shī	shí
3성	4성
shǐ	shì

성모와 운모의 결합  성모 sh와 운모 i가 결합하면 으로 발음한다.

성모와 **단운모**의 결합	a sha 사	o	e she 셔	i shi 스	u shu 수
성모와 **복운모**의 결합	ai shai 샤이	ei shei 쉐이	ao shao 샤오	ou shou 셔우	
성모와 **비운모**의 결합	an shan 샨	en shen 션	ang shang 샹	eng sheng 셩	ong

단어 익히기

shāfā
사파
소파

shé
셔
뱀

shǔjià
수지아
여름방학

shènghuì
성후이
축제

셀프 테스트

1. 다음 단어를 듣고 알맞은 병음을 쓰시오.

①	②	③	④
_____	_____ huì	_____ jià	_____ fā

2. 다음 단어를 듣고 알맞은 그림을 고르시오.

①

②

③

④

MP3 파일
QR코드

르

sh와 같이 발음하되 성대를 가볍게 울리면서
우리말 **르**와 같이 발음한다

병음 익히기

				1성 rī	2성 rí
				3성 rǐ	4성 rì

성모와 운모의 결합

성모 r과 운모 i가 결합하면 으로 발음한다.

성모와 **단운모**의 결합	a	o	e re 르어	i ri 르	u ru 루
성모와 **복운모**의 결합	ai	ei	ao rao 라오	ou rou 러우	
성모와 **비운모**의 결합	an ran 란	en ren 런	ang rang 랑	eng reng 렁	ong rong 롱

rēng

렁

던지다

róng

롱

무성하다

rǔlào

루라오

치즈

ròu

러우

고기

셀프 테스트

1. 다음 단어를 듣고 알맞은 병음을 쓰시오.

① _____

② _____lào

③ _____

④ _____

2. 다음 단어를 듣고 알맞은 그림을 고르시오.

①

②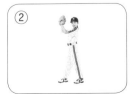

③

④

z

 MP3 파일
QR코드

쯔

아랫니와 윗니를 맞물고 혀끝을 앞으로 쭉 뻗쳐
윗니 안쪽에 댔다가 조금 떼면서
우리말 **쯔**와 같이 발음한다

 병음 익히기

			1성 zī	2성 zí
			3성 zǐ	4성 zì

 성모와 운모의 결합　　성모 z와 운모 i가 결합하면 으로 발음한다.

	a	o	e	i	u
성모와 **단운모**의 결합	za 짜		ze 쩌	zi 쯔	zu 쭈
	ai	ei	ao	ou	
성모와 **복운모**의 결합	zai 짜이	zei 쩨이	zao 짜오	zou 쩌우	
	an	en	ang	eng	ong
성모와 **비운모**의 결합	zan 짠	zen 쩐	zang 짱	zeng 쩡	zong 쫑

 zūnjìng

쭌징

존경하다

 zúqiú

쭈치어우

축구

 zǎochen

짜오천

아침

zuòwèi

쭈어웨이

자리, 좌석

셀프 테스트

1. 다음 단어를 듣고 알맞은 병음을 쓰시오.

①	②	③	④
_____chen	_____qiú	_____wèi	_____jìng

2. 다음 단어를 듣고 알맞은 그림을 고르시오.

C

MP3 파일 QR코드

츠

Z와 같은 방법으로 발음하되 숨을 더 강하게
내보내면서 우리말 **츠**와 같이 발음한다

병음 익히기

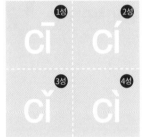

1성	2성
cī	cí
3성	4성
cǐ	cì

성모와 운모의 결합   성모 c와 운모 i가 결합하면 으로 발음한다.

	a	o	e	i	u
성모와 **단운모**의 결합	ca 차		ce 처	ci 츠	cu 추
	ai	ei	ao	ou	
성모와 **복운모**의 결합	cai 차이		cao 차오	cou 처우	
	an	en	ang	eng	ong
성모와 **비운모**의 결합	can 찬	cen 천	cang 창	ceng 청	cong 총

cāzi

차즈

지우개

cíhuì

츠후에이

어휘

cǎoméi

차오메이

딸기

cài

차이

채소

 셀프 테스트

1. 다음 단어를 듣고 알맞은 병음을 쓰시오.

① _____méi

② _____

③ _____huì

④ _____zi

2. 다음 단어를 듣고 알맞은 그림을 고르시오.

①

②

③

④

S

MP3 파일
QR코드

쓰

혀끝을 앞니 안쪽에 닿을 듯 말 듯 한 상태로
공기를 마찰시켜 우리말 **쓰**와 같이 발음한다

병음 익히기

1성	2성
SĪ	SÍ
3성	4성
SǏ	SÌ

성모와 운모의 결합

성모 s와 운모 i가 결합하면 으로 발음한다.

성모와 **단운모**의 결합	a	o	e	i	u
	sa 싸		se 쓰어	si 쓰	su 쑤
성모와 **복운모**의 결합	ai	ei	ao	ou	
	sai 싸이		sao 싸오	sou 써우	
성모와 **비운모**의 결합	an	en	ang	eng	ong
	san 싼	sen 썬	sang 쌍	seng 썽	song 쏭

 단어 익히기

sānjiǎo

싼지아오

삼각

suíshí

쑤에이쉬

언제나

sǐwáng

쓰왕

사망(하다)

sèlā

쓰어라

샐러드

 셀프 테스트

1. 다음 단어를 듣고 알맞은 병음을 쓰시오.

①	②	③	④
_____lā	_____shí	_____jiǎo	_____wáng

2. 다음 단어를 듣고 알맞은 그림을 고르시오.

①

②

③

④

part
04

중국어 결합운모
익히기

결합운모 한어병음표

운모 성모	ia	iao	ie	iou	ian	iang	in	ing	iong
b		biao	bie		bian		bin	bing	
p		piao	pie		pian		pin	ping	
m		miao	mie	miu	mian		min	ming	
f									
d		diao	die	diu	dian			ding	
t		tiao	tie		tian			ting	
n		niao	nie	niu	nian	niang	nin	ning	
l	lia	liao	lie	liu	lian	liang	lin	ling	
g									
k									
h									
j	jia	jiao	jie	jiu	jian	jiang	jin	jing	jiong
q	qia	qiao	qie	qiu	qian	qiang	qin	qing	qiong
x	xia	xiao	xie	xiu	xian	xiang	xin	xing	xiong
zh									
ch									
sh									
r									
z									
c									
s									
단독쓰임	ya	yao	ye	you	yan	yang	yin	ying	yong

ua	uo	uai	uei	uan	uang	uen	ueng	üe	üan	ün
	duo		dui	duan		dun				
	tuo		tui	tuan		tun				
	nuo			nuan				nüe		
	luo			luan		lun		lüe		
gua	guo	guai	gui	guan	guang	gun				
kua	kuo	kuai	kui	kuan	kuang	kun				
hua	huo	huai	hui	huan	huang	hun				
								jue	juan	jun
								que	quan	qun
								xue	xuan	xun
zhua	zhuo	zhuai	zhui	zhuan	zhuang	zhun				
chua	chuo	chuai	chui	chuan	chuang	chun				
shua	shuo	shuai	shui	shuan	shuang	shun				
	ruo		rui	ruan		run				
	zuo		zui	zuan		zun				
	cuo		cui	cuan		cun				
	suo		sui	suan		sun				
wa	wo	wai	wei	wan	wang	wen	weng	yue	yuan	yun

ia
(ya)

MP3 파일
QR코드

이아

i는 약하게 a는 강하게 소리 내며
우리말 **이아**와 같이 발음한다

 병음 익히기

	1성	2성
	iā	iá
	3성	4성
	iǎ	ià

결합운모 익히기   성모 없이 단독으로 쓰이면 ya로 표기하고 **아**로 발음한다.

	b	p	m	f
ia와 쌍순음 결합				
ia와 설첨음 결합	d	t	n	l
				lia 리아
ia와 설면음 결합	j	q	x	
	jia 지아	qia 치아	xia 시아	

jiāfǎ

지아파

덧셈

yá

야

이

jǐdiǎn

지띠엔

몇 시

xià

시아

아래

 셀프 테스트

1. 다음 단어를 듣고 알맞은 병음을 쓰시오.

① j____fǎ   ② _____   ③ x____   ④ jǐd____n

2. 다음 단어를 듣고 알맞은 그림을 고르시오.

①    ②    ③    ④

iao
(yao)

MP3 파일
QR코드

이아오

i와 o는 약하게 하고 중간의 **a**를 강하게 하여
우리말 **이아오**와 같이 발음한다

병음 익히기

			1성 iāo
			2성 iáo
			3성 iǎo
			4성 iào

결합운모 익히기

성모 없이 단독으로 쓰이면 yao로 표기하고 **야오**로 발음한다.

iao와 쌍순음 결합	b biao 삐아오	p piao 피아오	m miao 미아오	f
iao와 설첨음 결합	d diao 띠아오	t tiao 티아오	n niao 니아오	l liao 리아오
iao와 설면음 결합	j jiao 지아오	q qiao 치아오	x xiao 시아오	

 **단어 익히기**

yāo
야오

허리

miáotiao
미아오티아오

날씬하다

jiǎo
지아오

발

xiào
시아오

웃다

 **셀프 테스트**

1. 다음 단어를 듣고 알맞은 병음을 쓰시오.

① x_____

② m____tiao

③ _____

④ j_____

2. 다음 단어를 듣고 알맞은 그림을 고르시오.

①

②

③

④

105

ie
(ye)

MP3 파일
QR코드

이에

우리말 **이에**와 같이 발음하며
i는 가볍고 **e**는 강하게 발음한다

 병음 익히기

ie	ie	ie	ie
ie	ie	ie	ie

1성 iē	2성 ié
3성 iě	4성 iè

 결합운모 익히기   성모 없이 단독으로 쓰이면 ye로 표기하고 이에로 발음한다.

ie와 쌍순음 결합	b **bie** 삐에	p **pie** 피에	m **mie** 미에	f
ie와 설첨음 결합	d **die** 띠에	t **tie** 티에	n **nie** 니에	l **lie** 리에
ie와 설면음 결합	j **jie** 지에	q **qie** 치에	x **xie** 시에	

 단어 익히기

jiēduàn

지에뚜안

계단

xié

시에

신발

yěwài

이에와이

야외

yè

이에

잎

 셀프 테스트

1. 다음 단어를 듣고 알맞은 병음을 쓰시오.

① _____

② x_____

③ ____wài

④ j____duàn

2. 다음 단어를 듣고 알맞은 그림을 고르시오.

①

②

③

④

i(o)u
(you)

MP3 파일
QR코드

이어우

i는 약하고 **o**에 강세를 두어
우리말 **이어우**와 같이 발음한다

 병음 익히기

iou		
iou		

1성	2성
i(o)ū	i(o)ú
3성	4성
i(o)ǔ	i(o)ù

 결합운모 익히기

성모와 만나면 **iu**로 표기한다.
성모 없이 단독으로 쓰이면 **you**로 표기하고 요우로 발음한다.

iou와 쌍순음 결합	b	p	m	f
			miu 미어우	

iou와 설첨음 결합	d	t	n	l
	diu 띠어우		niu 니어우	liu 리어우

iou와 설면음 결합	j	q	x
	jiu 지어우	qiu 치어우	xiu 시어우

qiūtiān

치어우티엔

가을

niú

니어우

소

jiǔ

지어우

음료

yòu'ér

요우알

유아

 셀프 테스트

1. 다음 단어를 듣고 알맞은 병음을 쓰시오.

① ____'ér

② j____

③ q____tiān

④ n____

2. 다음 단어를 듣고 알맞은 그림을 고르시오.

①

②

③

④

ian
(yan)

 MP3 파일
QR코드

이엔

a에 강세를 두고
우리말 **이엔**과 같이 발음한다

 병음 익히기

		1성 iān	2성 ián
		3성 iǎn	4성 iàn

 결합운모 익히기

성모 없이 단독으로 쓰이면 yan으로 표기하고 얜으로 읽는다.

ian과 쌍순음 결합	b bian 삐엔	p pian 피엔	m mian 미엔	f
ian과 설첨음 결합	d dian 띠엔	t tian 티엔	n nian 니엔	l lian 리엔
ian과 설면음 결합	j jian 지엔	q qian 치엔	x xian 시엔	

qiānbǐ

치엔삐

연필

lián

리엔

커튼

jiǎn

지엔

줍다

shūdiàn

수띠엔

서점

 셀프 테스트

1. 다음 단어를 듣고 알맞은 병음을 쓰시오.

①	②	③	④
l_____	shūd_____	q_____bǐ	j_____

2. 다음 단어를 듣고 알맞은 그림을 고르시오.

①    ②    ③    ④

iang
(yang)

MP3 파일
QR코드

이앙

i는 약하게 a는 강하게 소리 내며
우리말 **이앙**과 같이 발음한다

병음 익히기

			1성	2성
			iāng	iáng
			3성	4성
			iǎng	iàng

결합운모 익히기   성모 없이 단독으로 쓰이면 yang로 표기하고 양으로 발음한다.

	b	p	m	f
iang와 쌍순음 결합				
iang와 설첨음 결합	d	t	n niang 니앙	l liang 리앙
iang와 설면음 결합	j jiang 지앙	q qiang 치앙	x xiang 시앙	

xiāng

시앙

시골

yángcōng

양총

양파

jiǎng

지앙

이야기하다

liàng

리앙

밝다

 셀프 테스트

1. 다음 단어를 듣고 알맞은 병음을 쓰시오.

①	②	③	④
_____cōng	l_____	x_____	j_____

2. 다음 단어를 듣고 알맞은 그림을 고르시오.

①

②

③

④

in
(yin)

MP3 파일
QR코드

인

i 발음 후 콧소리를 내며 n을 발음해
우리말 **인**과 같이 발음한다

 병음 익히기

				1성 īn	2성 ín
				3성 ǐn	4성 ìn

 결합운모 익히기   성모 없이 단독으로 쓰이면 yin으로 표기하고 인으로 읽는다.

in과 쌍순음 결합	b bin 삔	p pin 핀	m min 민	l
in과 설첨음 결합	d	t	n nin 닌	l lin 린
in과 설면음 결합	j jin 진	q qin 친	x xin 신	

xīnwén

신원

뉴스

línjū

린쥐

이웃

qìmǐn

치민

그릇

jìn

진

가깝다

 셀프 테스트

1. 다음 단어를 듣고 알맞은 병음을 쓰시오.

① qìm___

② j___

③ l___jū

④ x___wén

2. 다음 단어를 듣고 알맞은 그림을 고르시오.

①

②

③

④

ing
(ying)

MP3 파일
QR코드

잉

입김을 충분히 코로 통과시켜
우리말 **잉**과 같이 발음한다

병음 익히기

	1성	2성
	īng	íng
	3성	4성
	ǐng	ìng

결합운모 익히기

성모 없이 단독으로 쓰이면 ying로 표기하고 잉으로 발음한다.

	b	p	m	f
ing와 쌍순음 결합	bing 삥	ping 핑	ming 밍	

	d	t	n	l
ing와 설첨음 결합	ding 띵	ting 팅	ning 닝	ling 링

	j	q	x	
ing와 설면음 결합	jing 징	qing 칭	xing 싱	

jīng

징

고래

míngzi

밍쯔

이름

홍길동

jǐngchá

징차

경찰

gānjìng

깐징

깨끗하다

 셀프 테스트

1. 다음 단어를 듣고 알맞은 병음을 쓰시오.

①	②	③	④
gānj____	j____	m____zi	j____chá

2. 다음 단어를 듣고 알맞은 그림을 고르시오.

①

②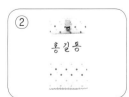
홍길동

③

④

iong
(yong)

MP3 파일
QR코드

이옹

입술을 오무리고 **io**를 소리내며
콧소리로 우리말 **이옹**과 같이 발음한다

 병음 익히기

1성 iōng	2성 ióng
3성 iǒng	4성 iòng

 결합운모 익히기   성모 없이 단독으로 쓰이면 yong로 표기하고 용으로 발음한다.

iong와 쌍순음 결합	b	p	m	f
iong와 설첨음 결합	d	t	n	l
iong와 설면음 결합	j jiong 지옹	q qiong 치옹	x xiong 시옹	

xiōngdì

시옹띠

형제

qióng

치옹

가난하다

yǒngyī

용이

수영복

yòng

용

사용하다

셀프 테스트

1. 다음 단어를 듣고 알맞은 병음을 쓰시오.

①	②	③	④
x＿＿＿dì	＿＿＿yī	q＿＿＿	＿＿＿＿

2. 다음 단어를 듣고 알맞은 그림을 고르시오.

① 　② 　③ 　④

ua
(wa)

MP3 파일
QR코드

우아

a에 강세를 두고
우리말 **우아**와 같이 발음한다

 병음 익히기

				1성	2성
				uā	uá
				3성	4성
				uǎ	uà

 결합운모 익히기   성모 없이 단독으로 쓰이면 **wa**로 표기하고 **와**로 발음한다.

ua와 설첨음 결합	d		t		n		l	
ua와 설근음 결합	g	gua 꾸아	k	kua 쿠아	h	hua 후아		
ua와 권설음 결합	zh	zhua 주아	ch	chua 추아	sh	shua 수아	r	
ua와 설치음 결합	z		c		s			

xīguā
시꾸아

수박

gōngyuán
꽁위엔

공원

wáwa
와와

아기

jìhuà
지후아

계획, 플랜

 셀프 테스트

1. 다음 단어를 듣고 알맞은 병음을 쓰시오.

①	②	③	④
jìh____	gōngy____n	____wa	xīg____

2. 다음 단어를 듣고 알맞은 그림을 고르시오.

①	②	③	④

uo
(wo)

MP3 파일
QR코드

우어

입술을 둥글게 해서 **우**와 **오**의 중간음을 내고
가볍게 **어**를 곁들여 우리말 **우어**와 같이 발음한다

 병음 익히기

1성	2성
uō	uó
3성	4성
uǒ	uò

 결합운모 익히기   성모 없이 단독으로 쓰이면 wo로 표기하고 워로 발음한다.

uo와 설첨음 결합	d	duo 뚜어	t	tuo 투어	n	nuo 누어	l	luo 루어
uo와 설근음 결합	g	guo 꾸어	k	kuo 쿠어	h	huo 후어		
uo와 권설음 결합	zh	zhuo 주어	ch	chuo 추어	sh	shuo 수어	r	ruo 루어
uo와 설치음 결합	z	zuo 쭈어	c	cuo 추어	s	suo 쑤어		

duō

뚜어

많다

tuóluó

투어루어

팽이

suǒ

쑤어

자물쇠

guòmǐn

꾸어민

알레르기

셀프 테스트

1. 다음 단어를 듣고 알맞은 병음을 쓰시오.

①	②	③	④
t___luó	g___mǐn	s___	d___

2. 다음 단어를 듣고 알맞은 그림을 고르시오.

①    ②    ③    ④

uai
(wai)

MP3 파일
QR코드

우아이

a에 강세를 두고
우리말 **우아이**와 같이 발음한다

 병음 익히기

1성	2성
uāi	uái

3성	4성
uǎi	uài

 결합운모 익히기 성모 없이 단독으로 쓰이면 wai로 표기하고 **와이**로 발음한다.

uai와 **설첨음** **결합**	d		t		n		l
uai와 **설근음** **결합**	g	guai 꾸아이	k	kuai 쿠아이	h	huai 후아이	
uai와 **권설음** **결합**	zh	zhuai 주아이	ch	chuai 추아이	sh	shuai 수아이	r
uai와 **설치음** **결합**	z		c		s		

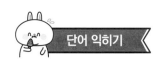

 단어 익히기

wāi

와이

여보세요

guānhuái

꾸안후아이

배려

shuǎi

수아이

내던지다

jīnkuài

진쿠아이

금괴

 셀프 테스트

1. 다음 단어를 듣고 알맞은 병음을 쓰시오.

① _____

② sh_____

③ guānh_____

④ jīnk_____

2. 다음 단어를 듣고 알맞은 그림을 고르시오.

①

②

③

④

125

(wei)

MP3 파일
QR코드

우에이

e에 강세를 두고
우리말 **우에이**와 같이 발음한다

병음 익히기

	1성	2성
	u(e)ī	u(e)í
	3성	4성
	u(e)ǐ	u(e)ì

결합운모 익히기

uei로 발음하되 성모와 만나면 표기는 ui로 한다.
성모 없이 단독으로 쓰이면 wei로 표기하고 웨이로 발음한다.

uei와 설첨음 결합	d	**dui** 뚜에이	t	**tui** 투에이	n		l	
uei와 설근음 결합	g	**gui** 꾸에이	k	**kui** 쿠에이	h	**hui** 후에이		
uei와 권설음 결합	zh	**zhui** 주에이	ch	**chui** 추에이	sh	**shui** 수에이	r	**rui** 루에이
uei와 설치음 결합	z	**zui** 쭈에이	c	**cui** 추에이	s	**sui** 쑤에이		

chuī
추에이

불다

kuíhuā
쿠에이후아

해바라기

shuǐguǒ
쑤에이꾸어

과일

duìhuà
뚜에이후아

대화

셀프 테스트

1. 다음 단어를 듣고 알맞은 병음을 쓰시오.

①	②	③	④
ch_____	sh____guǒ	k_____huā	d_____huà

2. 다음 단어를 듣고 알맞은 그림을 고르시오.

①	②	③	④

uan
(wan)

MP3 파일
QR코드

우안

a에 강세를 두고
우리말 **우안**과 같이 발음한다

병음 익히기

			1성	2성
			uān	uán
			3성	4성
			uǎn	uàn

결합운모 익히기

성모 없이 단독으로 쓰이면 **wan**로 표기하고 **완**으로 발음한다.

uan와 설첨음 결합	d	duan 뚜안	t	tuan 투안	n	nuan 누안	l	luan 루안
uan와 설근음 결합	g	guan 꾸안	k	kuan 쿠안	h	huan 후안		
uan와 권설음 결합	zh	zhuan 주안	ch	chuan 추안	sh	shuan 수안	r	ruan 루안
uan와 설치음 결합	z	zuan 쭈안	c	cuan 추안	s	suan 쑤안		

guān

꾸안

닫다

měiyuán

메이위안

달러

bǎoguǎn

빠오꾸안

보관하다

huànzhě

후안저

환자

 셀프 테스트

1. 다음 단어를 듣고 알맞은 병음을 쓰시오.

① g_____

② h_____zhě

③ měiy_____

④ bǎog_____

2. 다음 단어를 듣고 알맞은 그림을 고르시오.

①

②

③

④

uang

(wang)

MP3 파일
QR코드

우앙

a에 강세를 두고
우리말 **우앙**과 같이 발음한다

병음 익히기

①성 uāng	②성 uáng
③성 uǎng	④성 uàng

결합운모 익히기   성모 없이 단독으로 쓰이면 wang으로 표기하고 왕으로 발음한다.

uang와 설첨음 결합	d		t		n		l
uang와 설근음 결합	g	**g**uang 꾸앙	k	**k**uang 쿠앙	h	**h**uang 후앙	
uang와 권설음 결합	zh	**zh**uang 주앙	ch	**ch**uang 추앙	sh	**sh**uang 수앙	r
uang와 설치음 결합	z		c		s		

 단어 익히기

bāozhuāng
빠오주앙

포장하다

wángguān
왕꾸안

왕관

wǎngqiú
왕치어우

테니스

jìngkuàng
징쿠앙

액자

 셀프 테스트

1. 다음 단어를 듣고 알맞은 병음을 쓰시오.

①	②	③	④
jìngk_____	bāozh_____	_____qiú	_____guān

2. 다음 단어를 듣고 알맞은 그림을 고르시오.

①	②	③	④

u(e)n
(wen)

MP3 파일
QR코드

우언

e에 강세를 두고
우리말 **우언**과 같이 발음한다

병음 익히기

1성	2성
ū(e)n	ú(e)n
3성	4성
ǔ(e)n	ù(e)n

결합운모 익히기

성모 없이 단독으로 쓰이면 wen으로 표기하고 원으로 발음한다.
성모와 만나면 un으로 표기하고 운으로 발음한다.

uen와 설첨음 결합	d	dun 뛴	t	tun 툰	n		l	lun 룬
uen와 설근음 결합	g	gun 꾼	k	kun 쿤	h	hun 훈		
uen와 권설음 결합	zh	zhun 쥰	ch	chun 춘	sh	shun 순	r	run 룬
uen와 설치음 결합	z	zun 쭌	c	cun 춘	s	sun 쑨		

wēndù

원뚜

온도

lúntāi

룬타이

타이어

gǔn

꾼

굴리다

kùn

쿤

고생하다

 셀프 테스트

1. 다음 단어를 듣고 알맞은 병음을 쓰시오.

① k_____

② l_____tāi

③ g _____

④ _____dù

2. 다음 단어를 듣고 알맞은 그림을 고르시오.

①

②

③

④

ueng
(weng)

MP3 파일
QR코드

우엉

e에 강세를 두고
우리말 **우엉**과 같이 발음한다

 병음 익히기

1성	2성
uēng	uéng

3성	4성
uěng	uèng

결합운모 익히기   성모 없이 단독으로 쓰이면 weng으로 표기하고 웡으로 발음한다.

ueng와 설첨음 결합	d	t	n	l
ueng와 설근음 결합	g	k	h	
ueng와 권설음 결합	zh	ch	sh	r
ueng와 설치음 결합	z	c	s	

wēng
윙

노인

wěng
윙

먼지

wěng
윙

물이 흐르는
모양

wèng
윙

항아리

셀프 테스트

1. 다음 단어를 듣고 알맞은 병음을 쓰시오.

① _____

② _____

③ _____

④ _____

2. 다음 단어를 듣고 알맞은 그림을 고르시오.

①

②

③

④

üe
(yue)

MP3 파일
QR코드

위에

e는 ü에 이끌려 **에**에 가까우므로 입술을 쑥 내밀어
우리말 **위에**와 같이 발음한다

병음 익히기

	1성	2성
	üē	üé
3성	4성	
üě	üè	

결합운모 익히기

성모 j, q, x 뒤에 u는 위에 점이 없어도 ü으로 발음한다.
성모 없이 단독으로 쓰이면 yue로 표기하고 위에로 발음한다.

üe와 **설첨음**의 결합	d	t	n	l
			nüe 뉘에	lüe 뤼에
üe와 **설면음**의 결합	j	q	x	
	jue 쥐에	que 취에	xue 쉬에	

136

yuē

위에

약속하다

xuéxiào

쉬에시아오

학교

xuěrén

쉬에런

눈사람

yuèlì

위에리

달력

1. 다음 단어를 듣고 알맞은 병음을 쓰시오.

①	②	③	④
_____lì	x____rén	_____	x____xiào

2. 다음 단어를 듣고 알맞은 그림을 고르시오.

① 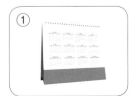　② 　③ 　④

üan
(yuan)

MP3 파일
QR코드

위엔

위를 발음할 때 입술모양이 움직이지 않게하고
우리말 **위엔**과 같이 발음한다

 병음 익히기

üan	üan	üan
üan	üan	üan

1성	2성
üān	üán
3성	4성
üǎn	üàn

결합운모 익히기

성모 **j, q, x** 뒤에 **u**는 위에 점이 없어도 **ü**으로 발음한다.
성모 없이 단독으로 쓰이면 **yuan**로 표기하고 위엔으로 발음한다.

üan과 **설첨음**의 결합	d	t	n	l

üan과 **설면음**의 결합	j	q	x	
	juan 쥐엔	quan 취엔	xuan 쒸엔	

yuān

위엔

못, 물웅덩이

quántóu

취엔터우

주먹

xuǎnzé

쒸엔쩌

선택하다

duàn

뚜안

자르다

셀프 테스트

1. 다음 단어를 듣고 알맞은 병음을 쓰시오.

①	②	③	④
_____	q _____tóu	d_____	x _____zé

2. 다음 단어를 듣고 알맞은 그림을 고르시오.

①  ②  ③  ④

ün
(yun)

MP3 파일
QR코드

윈

u를 확실히 발음하고, 부드럽게 n을 소리 내어
우리말 윈과 같이 발음한다

 병음 익히기

ün	ün	ün	ün
ün	ün	ün	ün

1성	2성
ǖn	ǘn
3성	4성
ǚn	ǜn

 결합운모 익히기

성모 j, q, x 뒤에 u는 위에 점이 없어도 ü로 발음한다.
성모 없이 단독으로 쓰이면 yun으로 표기하고 윈으로 발음한다.

ün과 설첨음의 결합	d	t	n	l

ün과 설면음의 결합	j	q	x	
	jun 쥔	qun 췬	xun 쉰	

140

jūnrén

쥔런

군인

yún

윈

구름

yǔnxǔ

윈쉬

허락하다

yùn

윈

다림질 하다

 셀프 테스트

1. 다음 단어를 듣고 알맞은 병음을 쓰시오.

① y＿＿＿xǔ

② ＿＿＿＿

③ ＿＿＿＿

④ j＿＿＿rén

2. 다음 단어를 듣고 알맞은 그림을 고르시오.

①

②

③

④

part
05

기본 회화와
단어 익히기

 MP3 파일
QR코드

nǐ hǎo. 니하오	안녕하세요. 你好。
nǐ hǎo ma? 니 하오마	잘 지내십니까? 你好吗?
wǒ hěn hǎo. 워 힌 하오	나는 잘 지냅니다. 我很好。
hěn gāoxìng jiàndào nǐ. 힌 까오싱 지엔따오 니	만나서 반갑습니다. 很高兴见到你。
zàijiàn. 짜이지엔	안녕히 계세요. 再见。
míngtiān jiàn. 밍티엔 지엔	내일 만나요. 明天见。
zhè jǐtiān zàijiàn ba. 저 지티엔 짜이지엔 빠	조만간 또 만나요. 这几天再见吧。

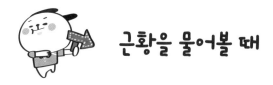

근황을 물어볼 때

hǎo jiǔ bú jiàn.
하우 지우 뿌 지엔

오랜만입니다.
好久不见。

---

zuìjìn guò de zěnmeyàng?
지진 꿔 더 쩐머양

요즘 어떻게 지내세요?
最近过得怎么样?

---

nǐ shēntǐ hǎo ma?
니 선티 하오 마

건강하십니까?
你身体好吗?

---

wǒ háixíng, nǐne?
워 하이씽, 니너

좋아요. 당신은요?
我还行, 你呢?

---

hé wǎngcháng yíyàng.
흐어 왕창 이양

평소와 같습니다.
和往常一样。

---

bù zěnmeyàng.
뿌 쩐머양

별로 좋지 않습니다.
不怎么样。

---

nín yìdiǎn yě méi biàn a.
닌 이띠엔 예 메이 삐엔 아

하나도 안 변하셨군요.
您一点也没变啊。

처음 만났을 때

chūcì jiànmiàn.
추츠 지엔미엔

처음 뵙겠습니다.
初次见面。

nǐ jiào shénme míngzi?
니 지아오 선머 밍즈

이름이 뭡니까?
你叫什么名字?

wǒ jiào jīnmínhào.
워 지아오 진민하오

저는 김민호라고 합니다.
我叫金旻浩。

wǒ néng zì wǒ jièshào yíxià ma?
워 넝 쯔 워 지에쌰오 이시아 마

제 소개를 할까요?
我能自我介绍一下吗?

wǒ láizì hánguó.
워 라이즈 한꾸어

저는 한국에서 왔습니다.
我来自韩国。

rènshi nǐ hěn gāoxìng.
런스 니 헌 까오씽

당신을 알게 되어 기쁩니다.
认识你很高兴。

qǐng duōduō zhǐjiào.
칭 뚜어뚜어 즈지아오

잘 부탁드립니다.
请多多指教。

xiè xie.
시에 시에

감사합니다.
谢谢。

---

zhōngxīn de gǎnxiè nín.
종신 더 깐시에 닌

진심으로 감사드립니다.
衷心的感谢您。

---

bú kèqi.
뿌 크어치

천만에요.
不客气。

---

duì bu qǐ.
뚜에이뿌치

미안합니다.
对不起。

---

duì bu qǐ, wǒ lái wǎn le.
뚜에이뿌치, 위 라이 완 러

미안합니다. 제가 늦었습니다.
对不起，我来晚了。

---

máfan nǐ le.
마판 니 러

귀찮게 해드렸네요.
麻烦你了。

---

méi guānxi.
메이 꾸안시

괜찮아요.
没关系。

zhè shì shénme?
저 스 썬머

이것은 무엇입니까?
这是什么?

zhè shì shū.
저 스 수

이것은 책입니다.
这是书。

nà shì shénme?
나 스 썬머

그것은 무엇입니까?
那是什么?

nà shì qiānbǐ.
나 스 치엔삐

저것은 연필입니다.
那是铅笔。

nǐ zhù zài nǎlǐ?
니 주 짜이 나리

어디에 삽니까?
你住在哪里?

tā gāo ma?
타 까오 마

그는 키가 큽니까?
他高吗?

nǐ shì hánguórén ma?
니 스 한궈런 마

당신은 한국 사람입니까?
你是韩国人吗?

가족에 관해 물어볼 때

nǐ jiā yǒu jǐ kǒurén?
니 지아 요 지 커우런

식구가 몇 명이나 되죠?
你家有几口人?

---

wǒmen jiā yǒu sì kǒurén.
워먼 지아 요 스 커우런

내 가족은 4명입니다.
我们家有四口人。

---

wǒ yǒu yíge jiějie.
워 요 이끄어 지에지에

나는 언니가 한 명 있습니다.
我有一个姐姐。

---

wǒ méiyǒu gēge.
워 메이요 끄어끄어

나는 오빠가 없습니다.
我没有哥哥。

---

nǐ mǔqīn zuò shénme gōngzuò?
니 무친 쭈어 썬머 꽁쭈어

당신 어머니는 무슨 일을 하십니까?
你母亲做什么工作?

---

wǒ māma shì lǎoshī.
워 마마 스 라오스

우리 어머니는 선생님입니다.
我妈妈是老师。

---

wǒ bàba shì chúshī.
워 빠빠 스 추스

우리 아버지는 요리사입니다.
我爸爸是厨师。

나이와 생일을 물어볼 때

nǐ jǐ suì?
니 지 수에이

너 몇 살이니? (10살 미만 나이를 물을 때)
你几岁?

wǒ wǔ suì.
워 우 수에이

5살이에요.
我五岁。

nǐ duō dà?
니 뚜어 따

나이가 어떻게 되세요? (10세 이상의 나이를 물을 때)
你多大?

wǒ sānshí èr suì.
워 산스 얼 수에이

32살입니다.
我三十二岁。

wǒ bú shì sìshí suì.
워 뿌 스 시스 수에이

나는 40살이 아닙니다.
我不是四十岁。

shēngrì shì shénme shíhou?
성리 스 선머 스허우

생일이 언제입니까?
生日是什么时候?

shénme shíhou chūshēng de?
선머 스허우 추성 더

언제 태어났어요?
什么时候出生的?

시간과 날짜를 물어볼 때

xiànzài jǐ diǎn?
시엔짜이 지 띠엔

몇 시입니까?
现在几点?

---

sān diǎn zhěng.
싼 띠엔 정

정확히 3시입니다.
三点整。

---

xiànzài jiǔdiǎn shí fēn.
시엔짜이 지우띠엔 스 펀

지금은 9시 10분입니다.
现在九点十分。

---

jīntiān shì xīng qījǐ?
진티엔 스 싱 치지

오늘은 무슨 요일입니까?
今天是星期几?

---

jīntiān shì xīng qītiān.
진티엔 스 싱 치티엔

오늘은 일요일입니다.
今天是星期天。

---

xiànzài shì jǐ yuè?
시엔짜이 스 지 위에

지금은 몇 월입니까?
现在是几月?

---

xiànzài shì qī yuè.
시엔짜이 스 치 위에

지금은 7월입니다.
现在是七月。

얼굴에 관한 단어 알아보기

MP3 파일
QR코드

额头 [étou]
으어터우 **이마**

眉毛 [méimao]
메이마오 **눈썹**

眼睛 [yǎnjing]
옌징 **눈**

鼻子 [bízi]
비즈 **코**

嘴巴 [zuǐba]
즈웨이바 **입**

下巴 [xiàba]
시아바 **턱**

头 [tóu]
터우 **머리**

头发 [tóufa]
터우파 **머리카락**

眼睫毛
[yǎnjiémáo]
옌지에마오 **속눈썹**

耳朵 [ěrduo]
알뚜어 **귀**

脸颊 [liǎnjiá]
리엔지아 **볼**

牙齿 [yáchǐ]
야츠 **이**

嘴唇 [zuǐchún]
즈웨이추언 **입술**

신체에 관한 단어 알아보기

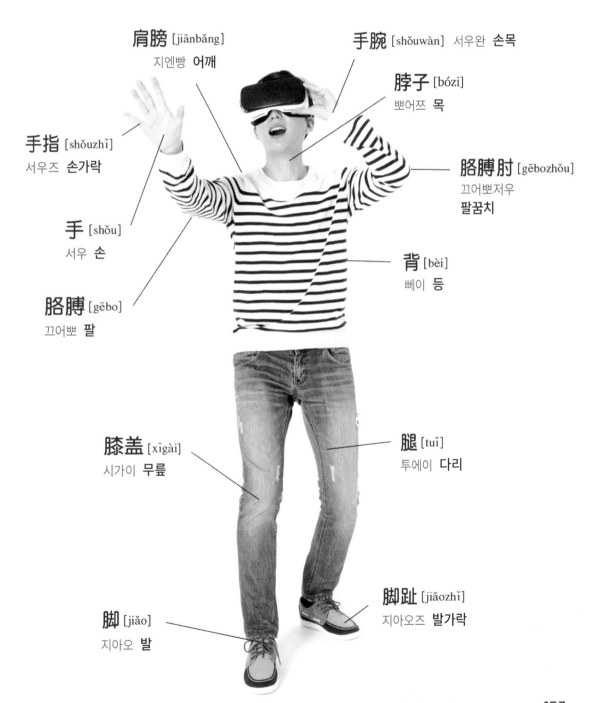

肩膀 [jiānbǎng]
지엔빵 어깨

手腕 [shǒuwàn] 서우완 손목

脖子 [bózi]
뽀어쯔 목

手指 [shǒuzhǐ]
서우즈 손가락

胳膊肘 [gēbozhǒu]
끄어뽀저우
팔꿈치

手 [shǒu]
서우 손

背 [bèi]
뻬이 등

胳膊 [gēbo]
끄어뽀 팔

膝盖 [xīgài]
시가이 무릎

腿 [tuǐ]
투에이 다리

脚趾 [jiǎozhǐ]
지아오즈 발가락

脚 [jiǎo]
지아오 발

1
[yī]
이

2
[èr]
얼

3
[sān]
산

4
[sì]
쓰

5
[wǔ]
우

8
[bā]
빠

7
[qī]
치

6
[liù]
리우

9
[jiǔ]
지우

13
[shísān]
스산

10
[shí]
스

11
[shíyī]
스이

12
[shí'èr]
스얼

14
[shísì]
스쓰

15
[shíwǔ]
스우

16
[shíliù]
스리우

17
[shíqī]
스치

18
[shíbā]
스빠

19
[shíjiǔ]
스지우

40
[sìshí]
쓰스

30
[sānshí]
싼스

20
[èrshí]
얼스

50
[wǔshí]
우스

90
[jiǔshí]
지우스

60
[liùshí]
리우스

70
[qīshí]
치스

80
[bāshí]
빠스

100
[yìbǎi]
이빠이

가족에 관한 단어 알아보기

祖父 [zǔfù]
조뿌 할아버지

祖母 [zǔmǔ]
조무 할머니

爸爸 [bàba]
빠빠 아빠

妈妈 [māma]
마마 엄마

叔母 [shūmǔ]
수무 숙모

姐姐 [jiějie]
지에지에 언니, 누나

妹妹 [mèimei]
메이메이 여동생

弟弟 [dìdi]
띠디 남동생

哥哥 [gēge]
꺼거 형, 오빠

儿子 [érzi]
알쯔 아들

女儿 [nǚ'ér]
뉘알 딸

侄子 [zhízi]
즈쯔 조카

叔叔 [shūshu]

수수 삼촌

表兄妹 [biǎoxiōngmèi]

삐아오시옹메이

외사촌

侄女 [zhínǚ]

즈뉘 질녀, 조카딸

姐夫 [jiěfu]

지에푸 매형

嫂子 [sǎozi]

싸오즈 형수

丈人 [zhàngren]

장런 장인

丈母 [zhàngmu]

장무 장모

孙子 [sūnzi]

쑨즈 손자

방에 관한 단어 알아보기

- ❶ **窗户** [chuānghu] 추앙후 **창문**
- ❷ **窗帘** [chuānglián] 추앙리엔 **커튼**
- ❸ **花盆** [huāpén] 후아펀 **화분**
- ❹ **收录机** [shōulùjī] 서우루지 **라디오**
- ❺ **书桌** [shūzhuō] 수주어 **책상**
- ❻ **椅子** [yǐzi] 이즈 **의자**
- ❼ **垫子** [diànzi] 띠엔즈 **매트**
- ❽ **墙壁** [qiángbì] 치앙삐 **벽**
- ❾ **门** [mén] 먼 **문**

⑩ **安乐椅** [ānlèyǐ] 안르어이 **안락의자**

⑪ **电视** [diànshì] 띠엔스 **텔레비전**

⑫ **沙发** [shāfā] 사파 **소파**

⑬ **茶几** [chájī] 차지 **차 탁자**

⑭ **梳妆台** [shūzhuāngtái] 수주앙타이 **화장대**

⑮ **床** [chuáng] 추앙 **침대**

⑯ **被子** [bèizi] 뻬이즈 **이불**

⑰ **枕头** [zhěntou] 전터우 **베개**

⑱ **台灯** [táidēng] 타이떵 **전기스탠드**

⑲ **钟表** [zhōngbiǎo] 종삐아오 **시계**

거실에 관한 단어 알아보기

① **对讲机** [duìjiǎngjī] 두에이지양지 인터폰

② **窗户** [chuānghu] 추앙후 창문

③ **电视** [diànshì] 띠엔스 텔레비전

④ **沙发** [shāfā] 사파 소파

⑤ **垃圾桶** [lājītǒng] 라지통 쓰레기통

⑥ **除尘器** [chúchénqì] 씨천치 진공청소기

⑦ **音响** [yīnxiǎng] 인시앙 오디오

⑧ **遥控器** [yáokòngqì] 야오콩치 리모컨

⑨ **月历** [yuèlì] 위에리 달력

⑩ **地毯** [dìtǎn] 띠탄 카펫

⑪ **地板** [dìbǎn] 띠빤 마룻바닥

식당에 관한 단어 알아보기

① 筷子 [kuàizi] 콰이즈 젓가락

② 叉子 [chāzi] 차즈 포크

③ 面包 [miànbāo] 미엔빠오 빵

④ 玻璃杯 [bōlibēi] 뽀리뻬이 유리컵

⑤ 果汁 [guǒzhī] 꾸어즈 과일주스

⑥ 鸡蛋 [jīdàn] 지딴 달걀

⑦ 盐 [yán] 옌 소금

⑧ 鱼 [yú] 위 생선

⑨ 刀 [dāo] 따오 칼

⑩ 牛奶 [niúnǎi] 니어우나이 우유

⑪ 调料 [tiáoliào] 티아오리아오 조미료

⑫ 肉 [ròu] 러우 고기

⑬ 白糖 [báitáng] 빠이탕 설탕

⑭ 咖啡 [kāfēi] 카페이 커피

⑮ 勺子 [sháozi] 샤오즈 숟가락

⑯ 饭 [fàn] 판 밥

⑰ 杯子 [bēizi] 뻬이즈 컵

⑱ 碟子 [diézi] 띠에즈 접시

주방에 관한 단어 알아보기

① **搅拌器** [jiǎobànqì] 지아오빤치 믹서기

② **案板** [ànbǎn] 안빤 도마

③ **围裙** [wéiqún] 웨이췬 앞치마

④ **碗柜** [wǎnguì] 완꾸에이 찬장

⑤ **罐头起子** [guàntouqǐzi] 꾸안터우치즈
깡통 따개

⑥ **罐头** [guàntou] 꾸안터우 깡통

⑦ **烤面包机** [kǎomiànbāojī] 카오미엔빠오지
토스터기

⑧ **电冰箱** [diànbīngxiāng] 띠엔삥시앙 냉장고

⑨ **垃圾箱** [lājīxiāng] 라지샹 쓰레기통

⑩ **食品加工机** [shípǐnjiāgōngjī]
스핀지아꽁지 식품가공기

- ⑪ **洗洁精** [xǐjiéjīng] 시지에징 설거지 세제
- ⑫ **洗碗刷** [xǐwǎnshuā] 시완수아 수세미
- ⑬ **水龙头** [shuǐlóngtóu] 수에이롱터우 수도꼭지
- ⑭ **咖啡机** [kāfēijī] 카페이지 커피메이커
- ⑮ **茶壶** [cháhú] 차후 찻주전자
- ⑯ **纸巾** [zhǐjīn] 즈진 키친타올
- ⑰ **汤锅** [tāngguō] 탕꾸어 국 냄비

- ⑱ **煎锅** [jiānguō] 지엔꾸어
  프라이팬
- ⑲ **微波炉** [wēibōlú] 웨이뽀어루
  전자레인지
- ⑳ **洗涤槽** [xǐdícáo] 시디차오
  싱크대

패스트푸드에 관한 단어 알아보기

❶ 汉堡包 [hànbǎobāo] 한빠오빠오 햄버거

❷ 三明治 [sānmíngzhì] 싼밍즈 샌드위치

❸ 炸薯条 [zháshǔtiáo] 자수티아오 감자튀김

❹ 炸鸡 [zhájī] 자지 치킨

❺ 比萨饼 [bǐsàbǐng] 삐사삥 피자

❻ 炸面圈 [zhámiànquān] 자미엔취엔 도넛

❼ 吸管 [xīguǎn] 씨꾸안 빨대

❽ 橙汁 [chéngzhī] 청즈 오렌지 주스

❾ 芥末 [jièmo] 지에모어 겨자

❿ 可乐 [kělè] 크어르어 콜라

사무실에 관한 단어 알아보기

① **打印机** [dǎyìnjī] 따인지 프린터

② **传真** [chuánzhēn] 촨전 팩스

③ **电话** [diànhuà] 띠엔화 전화

④ **显示器** [xiǎnshìqì] 시엔스치 모니터

⑤ **电脑** [diànnǎo] 띠엔나오 컴퓨터

⑥ **鼠标垫** [shǔbiāodiàn] 수삐아오띠엔
마우스 패드

⑦ **台灯** [táidēng] 타이떵 스탠드

⑧ **文件柜** [wénjiànguì] 원지엔꾸에이
서류 캐비닛

⑨ **公文包** [gōngwénbāo] 꽁원빠오
서류 가방

⑩ **复印机** [fùyìnjī] 푸인지 복사기

⑪ **文件夹** [wénjiànjiā] 원지엔지아 서류철

⑫ **键盘** [jiànpán] 지엔판 키보드

⑬ **鼠标** [shǔbiāo] 수삐아오 마우스

⑭ **隔板** [gébǎn] 끄어빤 칸막이

도시에 관한 단어 알아보기

① **学校** [xuéxiào] 쉬에시아오 **학교**

② **教会** [jiàohuì] 지아오후에이 **교회**

③ **酒楼** [jiǔlóu] 지어우러우 **술집**

④ **加油站** [jiāyóuzhàn] 지아요우잔 **주유소**

⑤ **停车场** [tíngchēchǎng] 팅처창 **주차장**

⑥ **饭馆** [fànguǎn] 판꾸안 **음식점**

⑦ **地铁站** [dìtiězhàn] 띠티에잔 **지하철역**

⑧ **红绿灯** [hónglǜdēng] 홍뤼떵 **(교통) 신호등**

⑨ **英语培训班** [yīngyǔpéixùnbān] 잉위페이순빤 **영어 학원**

⑩ **人行横道** [rénxínghéngdào] 런싱헝따오 **횡단보도**

⑪ **图书馆** [túshūguǎn] 투수꾸안 **도서관**

⑫ **宾馆** [bīnguǎn] 삥꾸안 **호텔**

⑬ **人行道** [rénxíngdào] 런싱따오 **인도**

⑭ **机场** [jīchǎng] 지창 **공항**

⑮ **路灯** [lùdēng] 루떵 **가로등**

⑯ **马路** [mǎlù] 마루 **큰길**

⑰ **发廊** [fàláng] 파랑 이발소

⑱ **药店** [yàodiàn] 야오띠엔 약국

⑲ **公园** [gōngyuán] 꽁위엔 공원

⑳ **电影院** [diànyǐngyuàn] 띠엔잉위엔 영화관

㉑ **网吧** [wǎngbā] 왕빠 PC방

㉒ **澡堂** [zǎotáng] 자오탕 목욕탕

㉓ **百货商店** [bǎihuòshāngdiàn] 바이후어상띠엔 백화점

㉔ **公寓** [gōngyù] 꽁위 아파트

㉕ **公安局** [gōng'ānjú] 꽁안쥐 경찰서

㉖ **健身房** [jiànshēnfáng] 지엔선팡 체육관

㉗ **银行** [yínháng] 인항 은행

㉘ **公共汽车站** [gōnggòngqìchēzhàn]

꽁공치처잔 버스 정류장

㉙ **书店** [shūdiàn] 수띠엔 서점

㉚ **医院** [yīyuàn] 이위엔 병원

씬나게 시작하는 중국어 첫걸음

1판 1쇄 인쇄 2021년 7월 10일
1판 1쇄 발행 2021년 7월 15일

엮은이 方昌植
펴낸이 윤다시   **펴낸곳** 도서출판 예가
주　소 서울시 영등포구 영신로 45길 2
전　화 02-2633-5462   **팩　스** 02-2633-5463
이메일 yegabook@hanmail.net   **블로그** http://blog.daum.net/yegabook
등록번호 제 8-216호

ISBN 978-89-7567-609-3 13720